Alessandro Rossin

Giardiniere per passione

Youcanprint *Self-Publishing*

Titolo | Giardiniere per passione
Autore | Alessandro Rossin

ISBN | 978-88-91178-62-6

Youcanprint Self-Publishing
Via Roma, 73 - 73039 Tricase (LE) - Italy
www.youcanprint.it
info@youcanprint.it
Facebook: facebook.com/youcanprint.it
Twitter: twitter.com/youcanprintit

L'IDEALE DI GIARDINO

Il giardino è inevitabilmente uno spazio dove stare a contatto con la natura. Questo non è tanto un diversivo quanto una esigenza intrinseca ed estrinseca dell'essere umano. Oggigiorno molti di noi sono estranei a questo habitat, basti pensare a tutti coloro che lavorano in ufficio ovvero prendono il tram o la metrò per raggiungere il posto di lavoro, vanno a circondarsi di muri e nascondono a sé il mondo dal quale siamo originari. Non voglio dire che questo è causa del bum di tumori che si stanno verificando negli ultimi anni, ma comunque questa estraneità è sintomo di malattie quali lo stress, ad esempio. Nella natura infatti l'uomo torna ad essere più intimo, ha una forte empatia con se stesso, ritorna ad essere l'essenziale, ciò che veramente egli è. Nel corso degli anni questo attaccamento alla natura si è pian piano dissolto rimanendo ingabbiati dall'artificismo che ci siamo creati. Alla base di tutto ciò è senza dubbio anche negligenza nel senso che d'inverno è duro stare all'aria aperta a ghiacciarsi, così d'estate è dura starsene all'esterno quando magari si è nei pressi di un locale climatizzato. D'altro canto è vero che starsene all'aria aperta ci rende più forti, si irrobustisce il corpo, si è meno soggetti a malattie. Si può optare quindi per un posto ricavato nel giardino cosiddetto da riparo, che può consistere in un patio all'ombra di piante o col freddo nei pressi di casa o in un chioschetto riparati da una stufa a gas.

Tutto questo è interessante ma il giardino è uno spazio per lo più privato perciò non alla portata di tutti e richiede investimenti economici. Per fortuna i comuni da saggi hanno creato degli spazi dove offrire alla popolazione degli spazi verdi, così denominati. Il giardino non è solo natura, questo spazio permette di fare una collezione delle cose che più ci piacciono, dove queste cose sono inevitabilmente piante, ma non solo.

Cosa c'è di bello nel giardino? E' bene approfondire questo tema. Anzitutto si è a contatto con la natura cosa che si è visto è importante per l'uomo, fa parte del suo habitat. Importante è osservare il cambiamento nelle stagioni. E' così curioso vedere prima un ramo nudo, poi la comparsa di una gemma, di una foglia, poi di un fiore, il frutto ed infine il ramoscello ancora nudo per cominciare un nuovo ciclo. Sarà una banalità ma tutto questo è anche educativo, dà sollievo, è fortificante. È tutto molto semplice, ma nasconde in sè un grande segreto. Poi nel giardino è bello ammirare i colori che non sono sempre gli stessi, ma cambiano con le stagioni. Ancora ci sono piante che vengono scelte per il colore del fogliame, altre per i fiori, altre ancora per la loro forma, è un mix di tante cose. Tutto questo per creare un ambiente dove starsene in relax, uno spazio ideale dove far ragionamenti, pensieri costruttivi, maturare nuove scelte.

Il giardino poi può essere uno spazio per il gioco dei ragazzi. È sempre un bell'arredo inserire uno scivolo o un'altalena. In questa maniera il verde di casa viene più vissuto, diventa uno spazio non solo da contorno ma talvolta una esigenza. È altrettanto interessante per i più grandi fare un angolo con barbecue con vicino un alloro o del rosmarino per condire le vivande.

È un luogo dove stare in compagnia di famigliari e amici. Stare in mezzo alla natura è spesso liberatorio e fa uscire il meglio di noi stessi. Accanto ad un olea fragrans che in primavera libera un gradevole profumo e starsene a leggere il giornale o un libro è un privilegio di pochi. Poi alzare lo sguardo e vedere colori e forme differenti è una gradevole emozione che da molto benessere, rilassatezza. Basti pensare agli uffici dove vengono sempre collocate delle piante e questo per dare più respiro all'ambiente irrigidito dai muri che lo rendono troppo chiuso ad un colorito dialogo.

UN PO' DI STORIA...

I giardini più antichi risalgono al 3000 a.C. di provenienza egizia ed erano circondati da mura dalle quali pendevano viti ed altri rampicanti. Può sembrare un paradosso che i primi giardini siano nati proprio in mezzo alle sabbie aride, là dove la natura appare più ostile. All'interno di quei giardini c'era l'orto, uno spazio adibito a piante da frutto e anche piante medicinali. I giardini nacquero come insieme di piante da frutto e da ortaggio. Erano considerati come una sistemazione artificiosa, secondo moduli geometrici o fantastici, di terreni coltivati, allo scopo di ottenere un risultato prettamente estetico. Queste aree erano delimitate da canali che percorrevano l'area in maniera che la fornitura di acqua alle piante fosse sempre opportuna. Questi canali poi intrecciandosi andavano a costituire una fontana centrale con pesci e ninfee che era circondata da palme, acacie, fichi e melograni.
Famosissimi furono poi i giardini babilonesi piantati su colossali terrazze artificiali, erano considerati una meraviglia del mondo. Erano coltivati a fiori e alberi disposti con rigida simmetria.
Si è poi passati ai giardini greci e romani nei quali era sempre presente un cortile centrale circondato da colonne. E' di origine greca l'idea di un sito naturale consacrato agli dei, un giardino lirico e religioso,

antitetico rispetto alla concezione della natura come sfruttamento agricolo. Erano presenti sentieri, pergolati, fontane e statue. I lunghi viali avevano portici coperti, esedre, fontane, tempietti. L'hortus è la prima forma di giardino romano ed essendo circondato da mura viene definito conclusus ed è considerato come una prosecuzione della casa. Si ha l'introduzione di piante ornamentali e dei fiori. Qui il topiarius, ovvero il giardiniere, tagliava le piante secondo figure geometriche o anche umane sino a comporre scene mitologiche.

Nel medioevo i giardini erano presenti perlopiù nei monasteri e nei castelli e non portò molte innovazioni. Determinante fu invece il rinascimento italiano particolarmente nella zona di Roma e Firenze. Qui si fecero giardini con gradoni e terrazze collegati da grandiose scalinate. L'acqua diventò una caratteristica di massima importanza. Veniva portata in alto e usata con effetti spettacolari per cadere sotto forma di fontane. Erano realizzati non solo in zona urbana ma anche nelle campagne. Si coltivava il bosso, il mirto, il cipresso, il leccio insieme agli alberi da frutta ed i fiori. Gli agrumi sono disposti in vasi e servono soprattutto per ornamento col loro verde tenero sullo sfondo verde-scuro dei cipressi e dei lecci. Non ci sono fiori in questi giardini, ma piuttosto tante diverse tonalità di verde, godibili tutto l'anno. Il giardino del quattrocento ha sempre un asse longitudinale, lungo il quale si dispiega il viale principale. La casa è collegata con l'esterno attraverso logge, porticati, finestroni, che assumono il ruolo di filtri tra l'architettura e il paesaggio. Il giardino dell'umanesimo perde il carattere utilitario a favore degli elementi ornamentali.

Seguono i giardini francesi collocati in pianura ben regolari e geometrici, con vedute imponenti con vasche o canali rettangolari. Rispetto al giardino all'italiana, fu trasportato in un ambiente più vasto fatto di prati, foreste, specchi d'acqua con spiazzi ornati di statue e grotte. Spariscono i terrazzamenti. E' un terreno coltivato senza scopo produttivo, nel quale l'uomo, isolato dal resto del territorio, svolge una serie di attività a contatto con la natura: riposo, passeggiata, svago, gioco, coltivazione di piante. Protagonista del giardino francese è il parterre ovvero un'area del giardino caratterizzata da disegni geometrici con bosso o tasso e caratterizzata da un'immagine unitaria che lo isola dal resto della composizione.

Si passa ai giardini inglesi ai quali contribuì l'intervento di filosofi, scrittori, pittori, che cominciarono a reagire contro le artificiosità dei giardini regolari. Non c'erano più nemmeno i muri di recinzione, ma dei fossi profondi sufficienti ad impedire il passaggio di animali. Fu il ritorno al gusto della natura libera e nacque la moda del giardino paesaggistico che ha come caratteristica principale l'illusoria apparenza di essere un territorio naturale quasi selvaggio e lasciato al caso. Nasce il landscaping, l'arte di fondere il giardino con il paesaggio.

Verso il XX secolo una emergente classe media cominciava a spostarsi fuori città verso la periferia o la campagna così che molte persone avevano giardini di loro proprietà e cresceva l'interesse per il giardinaggio, tale da avere molte pubblicazioni a riguardo che diedero nuove idee alla classe media sul giardinaggio. Questo secolo ha visto diventare economicamente impossibile i grandi giardini e il moltiplicarsi di quelli piccoli. Sono state studiate città giardino con case che hanno ognuna il loro giardinetto individuale, nessuno stile particolare si è imposto a causa di influenze di paesi e stili diversi. Forse il cambiamento più significativo è dovuto al fatto che l'aumento di tempo libero che ognuno ha a disposizione ha reso il giardinaggio un interessante hobby accessibile a molta gente, e non più la prerogativa dei ricchi o dei privilegiati.

Un compendio della storia dei giardini non può ignorare la penetrante influenza orientale. I giardini giapponesi sono oggi piccoli, circondati da alte mura e tendono ad essere ammirati stando in casa. Si mira ad un senso di armonia con la natura, per creare una atmosfera di riposo e di pace. Elementi essenziali dei giardini giapponesi sono le rocce, la sabbia e l'acqua dove ognuno di questi elementi è usato con una precisa considerazione delle proporzioni e dell'equilibrio. I laghi e i canali serpeggiano in tutta la composizione dando luogo a leggeri ponti e a isolette su cui sorgono piccoli padiglioni. Il giardino giapponese è più un luogo di meditazione che di svago. Nei giardini viene simboleggiato il mare con ghiaietto bianco rastrellato a piccole onde e pietre di diversa forma e dimensione che rappresentano isolette.

IL TERRENO

E' importante la sua conoscenza perché su esso vengono poste le piante. È perciò essenziale sapere come è costituito, se è un terreno fertile o meno. Nel terreno troviamo tre costituenti principali che sono argilla, sabbia, limo. L'insieme di questi va a costituire la struttura del terreno che non è altro che la dimensione delle particelle che lo costituiscono. Il terreno argilloso è formato da particelle estremamente fini. Quando queste si bagnano, la loro composizione le porta a gonfiarsi ed ad attaccarsi le une alle altre impedendo che l'aria raggiunga le radici delle piante e rendendo difficile a queste di assorbire l'alimento in soluzione. Il terreno argilloso è pesante, difficile da lavorare e frequentemente impermeabile e malamente areato. Quando si secca tende a spaccarsi col pericolo che le radici delle piante vengano danneggiate. L'aggiunta di materiali che favoriscono la formazione dell'humus è essenziale per la vita delle piante. Il terreno sabbioso è principalmente composto di particelle che non hanno molta coesione tra di loro, di conseguenza l'acqua viene assorbita facilmente ma altrettanto facilmente essa se ne va portandosi dietro sostanze nutritive e lasciando le piante denutrite e secche. Quello che comunemente si definisce terra da giardino, è un terreno che ha un 60% di sabbia, 30%

di argilla, 10% limo. L'humus è un prezioso composto organico formato da materiale vegetale ed animale che decomposto diventa nerastro e polveroso. In genere i terreni più scuri sono quelli più ricchi in quanto contengono più sostanza organica.

Il ph è la misura relativa all'acidità o all'alcalinità del terreno. I terreni con un grado di ph sotto al 7 sono considerati acidi quelli sopra al 7 alcalini. Il valore pari a 7 indica un terreno neutro e il terreno ideale per un giardino è di 6,5. al di sotto del 6 l'eccessiva acidità lo rende adatto solo a piante che gradiscono questa acidità come le eriche e i rododendri. Un terreno con gradazione sopra l'8 è talmente alcalino che sarà adatto a ben poche piante in quanto le sostanze nutritive sono completamente bloccate.

Le piante per crescere e svilupparsi correttamente, necessitano di sostanze fondamentali chiamate elementi nutritivi che, tramite la fotosintesi clorofilliana, si trasformano in zuccheri e proteine che a loro volta serviranno per formare foglie, radici e fiori. Le piante trovano le sostanze per crescere nell'aria, nell'acqua e nel terreno. Per evitare che le piante diventino sofferenti per la mancanza di nutrimento si eseguono delle concimazioni con prodotti a base di elementi nutritivi. Quelli indispensabili per le funzioni fisiologiche sono 12 e una loro eventuale disponibilità limitata può portare anche alla morte della pianta. I macro elementi sono azoto, fosforo, potassio. Utilizzati dalla pianta in quantità minore troviamo i mesoelementi, vale a dire calcio, magnesio e zolfo. Mentre, sempre molto importanti per la pianta ma necessari in piccola quantità troviamo i microelementi: ferro, boro, manganese, zinco, rame, molibdeno.

L'azoto è l'elemento più importante per le piante, poiché è fondamentale per la costituzione delle proteine. Per essere assorbito, l'azoto deve essere fissato perché l'assorbimento da parte delle piante può avvenire soltanto se è in forma di ione nitrico o ammoniacale. Molte piante possono assorbire attraverso le radici sia gli ioni ammonio che gli ioni nitrici, ma gli ioni nitrato presentano il difetto di essere molto facilmente dilavati dalle acque, finendo velocemente nei corsi d'acqua. La carenza di azoto si manifesta con un lento accrescimento dei germogli, una situazione generale di sviluppo stentato della pianta e una colorazione verde pallido delle foglie basali. Le piante maggiormente esigenti in azoto sono le piante ornamentali verdi, le conifere, le sempreverdi come la magnolia, le siepi, le lattughe.

Il fosforo è un elemento basilare per le piante ornamentali e da fiore perché è legato alla formazione dei fiori, allo sviluppo delle radici e alla struttura dei germogli. La pianta assorbe il fosforo contenuto nella soluzione circolante in forma di ione fosforico direttamente utilizzabile. Il fosforo nella pianta svolge funzioni plastiche ed energetiche ed entra nella composizione delle sostanze di riserva e delle vitamine. I fattori che limitano la disponibilità del fosforo sono il terreno eccessivamente argilloso e il ph alcalino. In queste condizioni le piante mostrano chiari sintomi di carenza fosfatica che generano uno scarso sviluppo vegetativo dei germogli (nanismo) e delle radici (piante poco ancorate nel terreno), rami scarsamente lignificati e poco eretti, foglie piccole, esili, con colorazione bronzea. La fioritura avviene con una intensità minore e in modo tardivo, come pure la maturazione dei frutti.

Per le piante, l'approvvigionamento di potassio risulta fondamentale per una corretta crescita. La principale funzione è relativa alla sintesi degli zuccheri, alla formazione dei profumi, alla colorazione dei petali, dei frutti e degli ortaggi. Inoltre questo elemento regola la concentrazione della linfa per rendere le piante meno soggette al congelamento, migliora la lignificazione dei tessuti, irrobustisce le piante e conferisce maggiore resistenza agli effetti di vento, caldo e malattie fungine. In una situazione di carenza dell'elemento la pianta manifesta un iniziale ingiallimento del bordo della lamina fogliare, successivamente i tessuti colpiti diventano necrotici e la foglia assume un ripiegamento a doccia; i germogli e il fusto sono poco lignificati e si rompono facilmente.

L'IMPIANTO DI IRRIGAZIONE

Passando al lato pratico, l'impianto di irrigazione è un componente della costruzione del giardino da circa 30 anni. Questa fantomatica rete di tubi, permette infatti che le piante abbiano il giusto approvvigionamento di acqua nel corso della giornata. Il risultato è avere piante e prati sempre belli e rigogliosi. Inoltre oggi sempre occupati come si è, si da l'incarico "ad altri" di innaffiare il proprio giardino. L' impianto di irrigazione ha infatti una centralina che lo rende completamente autonomo nella tempistica dell'irrigazione.

Per la costruzione, l'acqua si pesca da un pozzo artesiano che viene fatto da tecnici del settore. Ovvero viene raggiunta la profondità dove c'è la falda freatica e lì viene posta una pompa elettrica che provvederà alla risalita ed alla distribuzione dell'acqua. Nella prossimità della pompa si installa un collettore con le elettrovalvole che provvede alla distribuzione dell'acqua nei vari settori. Inevitabilmente l'acqua che porta in superficie la pompa non è sufficiente ad irrigare in contemporanea il giardino e si ovvia alla soluzione di dividere l'appezzamento in settori o parti. Per fare tutto ciò si deve avere le conoscenze delle leggi idrauliche e del materiale, ad esempio un irrigatore ha un consumo di acqua diverso da una ala gocciolante. Perciò diviso l'appezzamento in base a quanta acqua fornisce la pompa ed all'esigenza del prato o delle piante si può passare alla parte pratica. Con l'aiuto di una macchina a motore si eseguono gli scavi fino ad una profondità di 40cm per collocare i tubi. Distese le tubazioni si fanno su esse dei fori dove verranno collocati gli irrigatori o le ali gocciolanti. Fatto ciò vengono ricoperti i tubi con la terra di scavo e si fa sì che gli irrigatori siano a livello del terreno, ci penserà poi l'erba a nasconderli. Per appezzamenti di 1000 mq generalmente si impiegano 4-5 giorni per completare un impianto di irrigazione. Esistono irrigatori dinamici ossia un getto che percorre una angolatura stabilita o gli irrigatori statici che coprono contemporaneamente l'angolo prestabilito e generalmente hanno un raggio non superiore ai 5m.

Importante è da stabilire la durata dei cicli di irrigazione ovvero quanta acqua distribuire. In genere per i prati già adulti si fanno due irrigazioni giornaliere una al mattino presto, l'altra alla sera per circa 10 minuti l'una. In estate si fa talora una irrigazione giornaliera breve di 2-3 minuti per alleviare lo stress da caldo. Per le tappezzanti ovvero intervenendo sull'ala gocciolante si fanno tempi di irrigazioni più lunghi circa di 20 -25 minuti perché la quantità d'acqua nell'unità di tempo è minore. Questi impianti sono indispensabile per l'esecuzione successiva di un tappeto erboso.

PATIO

Il termine patio deriva dallo spagnolo e indica un cortile interno scoperto di un'abitazione. Questa zona del giardino è sempre ben studiata. Questa infatti prende l'area colloquiale e da questo punto si ha inoltre la visuale del giardino. È una zona molto importante dove è da decidersi la destinazione ovvero se fare un barbecue, un'area per prendere il sole, insomma se mettere delle sedie, delle panchine con tavolo, inserire degli sdrai, è come avere un terrazzo nel giardino. Esistono infiniti modalità sul fare un patio: si può inserire una pergola, mettere dei vasi, delle giostre per bambini, addossarlo o meno all'abitazione. Inoltre qui hanno importanza i materiali e la forma, ovvero l'architettura del giardino. Possono essere sopraelevati rispetto al piano del prato e quindi costruire dei gradini che portano al giardino, oppure inseriti nel mezzo del verde come una sorte di capanna. È delicata la scelta dei materiali: si può fare una gettata di cemento e posare delle piastrelle o dei quadrati, porre invece delle piastrelle del ghiaino, si può stendere semplicemente dell'erba, farlo in mattoni con architetture particolari come può essere a spina di pesce, ancora fare un misto di mattoni e ghiaia, utilizzare delle tavole di legno o anche sezioni di tronchi, costruirlo con tavole colorate e fare delle fioriere dello stesso colore, insomma c'è da sbizzarrirsi perché la scelta è veramente ampia e di conseguenza creare qualcosa che è di proprio gradimento diventa semplice ed importante. Ovviamente prende valore anche il contesto dove ci troviamo ovvero se in una villa storica o moderna, poi se nel prato sono presenti specie secolari può essere azzeccato fare una pavimentazione in sezione di tronco, se riprendere i materiali dell'abitazione come inserire delle tegole o porre del ghiaino della stessa colorazione dell'abitato. Infine la forma da realizzare. Può essere di costruzione rigida ossia piuttosto squadrato, avere una forma circolare, o una forma squadrata in prossimità dell'abitazione per poi scendere con delle curve in prossimità del verde. Diventa in questo modo un luogo che si presta alle nostre scelte specifiche come è giusto sia, visto il valore che questa zona prende nel giardino. Ogni giardiniere dovrebbe avere delle buone conoscenze nella costruzione del patio perché è un arredo del giardino di esclusivo rilievo. Cosa c'è di meglio, in una tiepida giornata d'estate, che rilassarsi in un patio con la famiglia e gli amici! Il patio vi offre un posto piacevole per leggere un libro, per chiacchierare in tranquillità, per giocare con i bambini o cucinare sul barbecue, per osservare il gorgoglio di una fontanella e per riposare su uno sdraio – tutte esperienze incredibilmente terapeutiche e rigeneranti di cui ognuno dovrebbe godere. Avete mai notato che quando le persone si ritrovano in un patio, lontano dai confini della casa e dalle formalità degli spazi interni, di solito sono più rilassate ed espansive? Sorridono e ridono, gesticolano di più, si muovono tranquille tendendo a comportarsi in modo meno inibito. È come se i grandi spazi all'aperto fossero il nostro habitat naturale. Quindi ecco fatto: è l'epoca della stanza in giardino. Niente più locali chiusi che nascondono: è il momento di costruire la stanza più grande della casa, la migliore: il patio.

L'ESIGENZA DELLE PIANTE E LORO DISPOSIZIONE

Le piante anzitutto hanno bisogno del clima a loro consono. Spesso mi è capitato di clienti che hanno visto delle belle piante dal fiorista e vorrebbero collocarle nel loro giardino. La maggior parte delle volte questo non è possibile perché propongono specie che stanno bene in luogo riparato e soprattutto nel corso dell'anno preferiscono un ambiente caldo. Quindi fare viaggi ed innamorarsi di specie che si sono viste in quegli ambienti è da tralasciare. È utile invece visitare i vivaisti presenti nella zona che sicuramente sanno dare anche buoni consigli su come coltivare le piante che più hanno interessato. Perciò il primo passo sulla scelta delle specie che andranno a comporre il giardino è prioritario dare importanza al clima che queste necessitano. Poi è utile sapere di che terreno hanno bisogno. Se profondo, ben areato o più alcalino che basico. A tal proposito è sempre utile fare un'analisi del terreno per sapere anche di quali elementi nutritivi sono più o meno presenti. È utile sapere anche il portamento delle piante ad esempio colonnare o globuloso. Questo è indispensabile saperlo per il momento del trapianto ovvero a quale distanza andranno collocate le une dalle altre. Inoltre la distanza delle piante può influire sulla comparsa o meno di malattie fungine: è sempre bene che le piante abbiano un leggero spazio in maniera che sia favorito il passaggio dell'aria. Per la disposizione delle specie vegetative entra in luogo oltre al motivo nutrizionale ed antiparassitario, la forma architettonica ed il colore delle specie. Esistono altezze e larghezze differenti, piante che col corso della stagione cambiano colorazione, piante che fanno fiori profumati, altre che generano frutti esteticamente apprezzabili. In questo caso le idee, l'esperienza e le mode, differenziano un giardiniere da un altro. Ad esempio le siepi anni fa venivano fatte quasi tutte con specie conifere, da dieci anni a questa parte sono state introdotte piante con foglie colorate come la photinia o rampicanti come il gelsomino. Ovviamente come già detto influisce anche il clima e nei giardini della pianura padana troviamo esemplari isolati di olivo che per l'innalzamento delle temperature ora è coltivabile anche nel nord della penisola.

PRATO E TAPPETO ERBOSO

Questo elemento fa da cornice alle piante, ma anche uno spazio ricreativo dove giocarci o fare delle grigliate. L'importante è che il terreno sia ben livellato, privo di buche o avvallamenti. Grazie all'impianto di irrigazione può essere perfetto in tutte le stagioni anche se questo è soggetto a malattie come nelle piante arboree. Ci sono molti tipi di prato, più o meno resistenti e da green golf ovvero molto bassi.

Prato e tappeto erboso non sono la stessa cosa. Infatti nel primo caso, prato, si intende l'insieme di piante tappezzanti che coprono la superficie non a piante arboree o non tappezzanti. È un miscuglio di semi di vario genere che andranno a costituire un prato spesso fiorito. Può essere una mistura con delle margherite, piante indigene annuali e pluriannuali, veroniche, prunelle, primule. È perciò un prato colorato ed è un rifugio per molti animali come uccellini e farfalle. Non richiede esigenze idriche costanti, è soggetto a tre tagli annuali ed è apprezzabile tutto l'anno. Per tappeto erboso intendiamo quelle graminacee uniformi e a bassa crescita a foglia stretta per lo più festuche, lolium, poa pratensis, zoysia. Possono essere macroterme o microterme a seconda dell'accrescimento in funzione della stagione. Le piante macroterme hanno un maggior accrescimento con le temperature alte, viceversa le microterme. Hanno una colorazione che va dal verde chiaro a quello più scuro a quello con riflessi blu. Ha bisogno di essere irrigato nel periodo primaverile estivo per assicurare una buona densità in superficie altrimenti le malerbe lo soffocano. È soggetto anche a concimazioni di mantenimento a base azotata, almeno tre all'anno, e di pratiche di sostegno come il carotaggio. Questo consiste nel fare dei fori nel terreno in modo da favorire l'ossigenamento all'apparato radicale. È utile fare anche dei trattamenti di tipo chimico selettivo per evitare l'infiltrarsi di specie non desiderate che andrebbero a compromettere l'aspetto del tappeto; in commercio si trovano prodotti fitosanitare contro foglia larga e foglia stretta che sono soddisfacenti. Il tappeto erboso è anche soggetto a malattie fungine che compromettono il suo aspetto. Ovvero il prato presenta delle chiazze di colore giallo. Le malattie fungine sono causate dall'eccessiva umidità presente nel terreno perciò fare attenzione ai cicli irrigui ossia se si presentano malattie di questo tipo limitare l'irrigazione. Anche in questo caso si interviene con prodotti chimici che si possono trovare nei garden center. Infine per un buon risultato bisogna curare il taglio del prato. Le migliori tosatrici sono quelle a lama elicoidale ormai purtroppo poco reperibili nel mercato. I tagli sono almeno due alla settimana nel periodo estivo. È opportuno che la lama sia sempre ben affilata altrimenti la pianta cicatrizza male la ferita e si notano ingiallimenti nella parte prossima al taglio.

La scelta del prato oppure del tappeto erboso è soggettiva a seconda dei caratteri estetici che si preferiscono. Il tappeto erboso inoltre richiede una maggiore manutenzione che è inevitabile per un valido risultato. L'ultima moda ha scelto la costituzione dei tappeti erbosi, ma per evitare continui oneri e per una più facile gestione del prato non è detto che i prati fioriti prenderanno spazio nel settore.

SENTIERI

Anche questi sono una parte del giardino e non da trascurare. Anzitutto servono per condurre i curiosi all'interno dell'area adibita al verde e danno un punto di riferimento, una strada da seguire. Allo stesso tempo abbelliscono il giardino perché può essere fatto ad esempio di pietrisco colorato o altri materiali che incuriosiscono l'occhio. I sentieri assieme alle terrazze costituiscono l'ossatura del giardino, in quanto ne collegano le varie parti, rispondono a requisiti estetici e costituiscono una superficie solida su cui camminare, che si asciuga rapidamente dopo una pioggia. La pavimentazione in un giardino non deve essere fatta creando dei sentieri che correndo da una parte all'altra lo tagliano in strisce, mentre devono essere solo un elemento della composizione globale. Venendo ai materiali questi possono essere costituiti a partire dalla corteccia per passare a cippi di tronco, pietrisco, bambù, o anche in pietra. Quando è possibile, è sempre bene utilizzare gli stessi materiali usati per la casa, in modo che il giardino risulti una sua estensione fisica ed architettonica. Quando per qualche ragione non è possibile usare per la pavimentazione lo stesso materiale che è servito per la costruzione della casa, bisogna cercare di usarlo almeno per i margini dei prati e delle aiuole. È bene che i sentieri non abbiano tratti rettilinei ma formino sempre delle curve come fosse un sentiero spontaneo che si trova in montagna. Il giardino anche se fatto artificialmente deve essere sempre più vicino alla natura, come se ci trovassimo in un ambiente selvaggio ma ben ordinato.

I sentieri e i vialetti in ghiaia hanno un'aria informale che si abbina molto bene a molti tipi di piante. Sono veloci e relativamente poco costosi da costruire, oltre a fungere da rudimentale sistema di allarme: il rumore dei passi sulla ghiaia annuncia l'arrivo di qualcuno. È indicata la ghiaia da 6mm che si fissa con il tempo quindi bisognerà stenderne un altro strato nel giro di pochi anni. Per le erbacce che possono crescere si usa l'erbicida che non lascia residui, facendo attenzione a non colpire le piante che possono essere nei paraggi. È necessario delimitare il vialetto con dei contenimenti laterali per tenere a posto la ghiaia. Si possono usare grossi ceppi incastrati nel terreno o degli argini in cemento. Per l'esecuzione si scava un viale di 90-120 cm di larghezza e 15cm di profondità. Si collocano sui bordi i contenimenti laterali, di diverso materiale, facendo attenzione che siano leggermente più alti del terreno o dell'erba circostante. Si riveste la base con pietrisco fino a 8 cm di altezza, poi si aggiunge uno strato di 4 cm di ghiaino. I vialetti di ghiaia saranno più belli con un motivo decorativo di mattoni o di lastre in calcestruzzo posati su una base di cemento.

Le pavimentazioni in mattoni di cemento vengono utilizzati per dare un'immagine più dura e resistente. Negli ultimi anni il loro utilizzo è molto aumentato. Ne esistono di diversi colori e forme. Alcuni hanno i contorni ondulati detti a coda di pesce che si incastrano tra di loro costituendo una superficie più resistente. Il mattone è forse il materiale più versatile per una pavimentazione in giardino. Si trova in un'ampia gamma di colori forti o tenui, la loro dimensione è adatta ai piccoli giardini e in genere si accompagna perfettamente con i materiali usati per la costruzione delle case. I contenimenti laterali anche in questo caso possono essere di diverso materiale: calcestruzzo, mattoni, legno. Si scava il sentiero ad una profondità di 15 cm si dispongono i contenimenti laterali poi il pietrisco. Il lavoro continua con la stesura di sabbia. Si posano i mattoni livellandoli con una piastra vibrante o con l'aiuto di una tavoletta di legno e battuta con un martello piatto. Per concludere si aggiunge altra sabbia mescolata a cemento, sopra ai mattoni questa polvere va fatta entrare negli interstizi con una spazzola e quindi si annaffia con cura. I mattoncini possono essere disposti in tanti modi ad esempio a spina di pesce, sfalsati, a parquet.

FONTANE

Una parte del fascino di un giardino sta nella possibilità di avere una fontana di acqua fresca e gorgogliante all'interno di uno stagno. Quel suono continuo e irregolare ha un effetto terapeutico che aiuta a ridurre lo stress. L'acqua dona serenità e allo stesso tempo movimenta l'ambiente: uno stagno di vecchio impianto, in un angolo soleggiato e aperto del giardino, crea un'atmosfera rilassante, soprattutto se coperto di ninfee, con le libellule che volano sfiorando la superficie. Non è necessario scavare nel terreno per avere uno stagno nel vostro giardino, e per coloro che hanno bambini piccoli è consigliabile creare un semplice getto d'acqua che ricade dolcemente su ciottoli oppure mettere dell'acqua in una tinozza bassa. È possibile creare stagni di ogni forma e dimensione, con la superficie a livello del terreno o sollevata di circa 50 cm. Uno stagno a filo terra, magari dai contorni irregolari può essere unito a un giardino acquitrinoso o a una zona a vegetazione spontanea. Fino a qualche decennio fa gli stagni erano quasi sempre quadrati o rettangolari ed erano fatti di calcestruzzo: costruirli non era semplice e a meno che non venissero rinforzati si spaccavano dopo poco tempo. I moderni modelli a vasca, leggermente inclinati ai lati sono molto più diffusi e resistenti.

Oggi si usano soprattutto dei rivestimenti flessibili o delle vasche rigide: i primi servono a foderare stagni scavati nel terreno in varie forme e la loro durata dipende dal materiale di cui sono fatti. I rivestimenti di polietilene costano poco ma hanno vita breve, specie se molto esposti alla luce del sole; meglio ricorrere ai fogli di gomma sintetica a base di butile, che durano oltre vent'anni ma sono anche più costosi. I rivestimenti vanno posati su un sostrato, per evitare che la pressione dell'acqua li comprima contro pietre aguzze bucandoli. Anche le vasche rigide preformate vengono calate in una fossa: quelle più economiche sono fatte di plastica e durano poco, mentre quelle in fibra di vetro costano di più ma durano almeno vent'anni. Per piantare una ninfea, mettetela in un contenitore di plastica traforata con terra e copritela con uno strato di 3 cm di ghiaietto chiaro; bagnate la terra e sistemate il contenitore nello stagno, usando dei mattoni come sostegno, in modo che le foglie della ninfea stiano a fior d'acqua sulla superficie. Riducete il mattone fino a rimuoverlo, man mano che la pianta cresce, assicurandovi sempre che le foglie restino a galla. Un tempo la creazione di un laghetto o di una vasca era appannaggio dei ricchi, perché era costoso rimuovere la terra, posare il rivestimento in argilla e procurarsi una pompa a vapore per muovere l'acqua. Oggi, però, le nuove tecnologie consentono anche al comune appassionato di giardinaggio un approccio all'acqua come elemento godibile e decorativo. Quindi se vi attira l'idea di aggiungere un bacino d'acqua alla vostra proprietà, che si tratti di una piccola vasca, di una fontana, o invece di uno stagno più grande per attirare la fauna selvatica, è tempo di realizzare i vostri sogni.

LA POTATURA

E' un'operazione importante perché serve a dare forma al giardino e per fortificare le piante. L'esecuzione è semplice, ma indispensabile per la buona crescita della pianta. Per procedere a una potatura efficace basta avere buon senso e un poco di esperienza. Una buona potatura farà guadagnare alle piante un aspetto armonioso, una crescita regolare e un grande numero di fiori. Più la potatura è drastica, più la pianta risulterà rinvigorita. Lo scopo della potatura è di stimolare una corretta crescita in modo da produrre una maggior quantità di fiori e frutti. Gli attrezzi che vanno per la comune sono: forbice, tucano, tagliasiepi, motosega. Come ci si può immaginare queste cesoie vengono scelte in base allo spessore del legno che andremo a tagliare. Cosa importante è che questi attrezzi abbiano sempre la lama ben affilata in maniera che l'incisione sia più precisa possibile e la pianta cicatrizzi la ferita al meglio. La forbice viene utilizzata per rami dell'anno o di 2 anni che hanno 1 cm di diametro. Vengono utilizzate per la potatura di tappezzanti o di cespitose come la rosa o l'ortensia. Il taglio non viene fatto mai casualmente, ma vanno prestabilite certe regole. L'operazione non viene mai fatta perpendicolare al fusto, ma inclinata. Inoltre per alcune piante come le ortensie viene calcolato il numero di gemme che devono precedere la parte da sezionare. Il tucano o potatrici a manico lungo, segue sempre le stesse regole impostate per le forbici e vanno utilizzate semplicemente per rami più grossi, molto utilizzati per la potatura di alberi da frutto anche perché hanno un manico più lungo e si riesce a raggiungere i rami più distanti stando a terra. Il tagliasiepi può essere elettrico o a motore l'importante è che abbia le lame ben affilate in maniera da non lasciare residui di foglie o di rami attaccati alla pianta. Come il termine sottolinea questo attrezzo viene utilizzato per potare siepi, ma anche per piante isolate con foglia piccola dove si vuole dare una precisa forma topiaria. È da preferire per il taglio di piante con foglie piccole come il bosso, le tuje, per piante con foglie più grandi come la fotinia o il lauro è meglio optare per i forbicioni perché hanno un taglio più netto. Per i fusti o per rami di spessore viene usata invece la motosega. È un attrezzo un po' pericoloso perciò quando lo si usa prima di eseguire il taglio è bene controllare di essere in una posizione comoda e ben stabile. Anche qui i tagli vanno fatti sempre obliqui.

Esistono poi potature valide solo per alcune piante come l'olivo ad esempio. I tagli estetici e non da produzione di frutti di questa pianta vanno fatti con attenzione. È un'operazione di molta pazienza perché i rami della pianta vengono recisi tutti quanti. A me piace dare una forma a vaso togliendo perciò tutti i rami interni. Si eliminano anche i rami verticali e si otterrà così una pianta con dei palchi. Su questi palchi si andranno a tagliare a metà del ramoscello i rami presenti. È un'operazione lunga, ma dà buoni risultati estetici. La potatura di questa pianta va fatta a primavera inoltrata in maniera che durante l'estate la pianta vegeti e lasci molto verde nel periodo invernale. L'olivo infatti è una pianta dei climi caldi e mal sopporta le potature nel periodo freddo dell'anno perché si lascia la pianta troppo spoglia e non è in grado di riprendersi dal periodo invernale.

Altra potatura è quella degli alberi da frutto. Generalmente si fa ad autunno inoltrato, quando la pianta ha già perso tutte le foglie. Anche qui viene fatta una potatura a vaso, quando il cultivar della pianta ossia la struttura di questa lo consente. Perciò anche qui si fa una pulizia dei rami interni pulendola da succhioni e polloni. Si decide l'altezza dell'albero e lì si andrà a recidere il ramo. Viene scelta una potatura a vaso in maniera che la luce filtri in tutta la pianta e passi anche dell'aria tra i rami che limita il formarsi di malattie fungine. Inoltre è più facile raccogliere i frutti non essendoci rami all'interno. Per meli e peri coltivati a spalliera, dovrebbero essere potati in estate. Ridurre i rami laterali fino a tre gemme oltre il gruppo basale, il grappolo di foglie più vicino al tronco centrale.

Per la potatura delle rose dipende dalla cultivar di pianta che abbiamo e dalla forma che gli vogliamo dare. Per tutti i tipi di rosa il primo passo consiste nel togliere i ramoscelli morti o malati. Per i rosai a cespuglio conservare da 3 a 7 rami principali privilegiando i germogli giovani e potare a 3-5 gemme liberando la parte centrale della pianta. Per i rosai rampicanti conservare da 3 a 5 rami che costituiranno l'armatura e perciò non vanno potati; tagliare a 5-6 gemme i rami laterali. Per i rosai antichi eliminare i rami secchi o in eccesso. Per i rosai ad arbusto tagliare ogni 3 anni i rami in accesso. La potatura delle rose si effettua a fine febbraio per evitare le gelate.

Il momento e la tecnica esatti per potare gli arbusti che producono fiori, dipende in gran parte dal periodo di fioritura. Ad esempio la buddleja davidii, a inizio primavera traggono beneficio da una consistente potatura: i rami vanno tagliati fino a 15-30 cm dal suolo. All'inizio il taglio potrà sembrare troppo deciso, ma presto assisteremo ad una nuova crescita rigogliosa. Sempre a inizio primavera la cornus alba sibirica, che viene coltivata per i rami che in inverno hanno un colore brillante, si tagliano tutti i rami fino a 10 cm da terra. Alcuni arbusti hanno fiori che sbocciano sui rami meno recenti quindi i rami non devono essere potati completamente, ma vanno accorciati ogni anno di circa un terzo. Si seguirà questo procedimento per piante come il cotinus coggygria, l'escallonia, il sambuco, la potentilla.

Il gelsomino è una pianta rigogliosa che deve essere

ridotta per contenerla. Dovrebbe essere potata bene dopo la fioritura. Bisogna sfoltire tutte le parti legnose vecchie e deboli e tagliare i ramoscelli fino ad un terzo. Il gelsomino d'inverno va potato a inizio primavera, dopo la fioritura; anche qui ridurre di un terzo i ramoscelli che hanno avuto la fioritura.

L'edera, l'ortensia rampicante e la vite del Canada si arrampicano sui muri tramite ventose e nessuna di loro richiede una potatura particolare. Potarle dopo la fioritura per tenerle a posto.

Per le erbe arbustive come timo, salvia, maggiorana, vanno potate a inizio primavera in modo che stiano bene sul vaso. Il rosmarino va potato leggermente. La lavanda va potata con decisione ogni anno a metà primavera.

Per i frutti a cespuglio hanno una regola a sé. Nel ribes nero vanno potati fino a terra, nel periodo autunnale, tutti i ramoscelli che hanno prodotto frutti. Nell'uva spina i rami vanno potati fino a metà.

PIANTAGIONE DI UNA PIANTA

I trapianti o la messa a dimora delle piante è meglio farli nel periodo autunno invernale, soprattutto se piante con radice nuda. Il terreno non deve essere mai troppo bagnato. È sconsigliato l'impianto di una pianta dove prima ce n'era un'altra della stessa specie, a meno che non si sostituisca il terreno. Si fa una buca che sia più grande della zolla di pianta che andremo a deporre. Sul fondo della buca si mette del materiale drenante come ciotoli. Si mescola la terra di fondo della buca con del terriccio e con un concime organico come lo stallatico o concime chimico a lenta cessione. Fatto ciò si inserisce nella buca la zolla di pianta da trapiantare. Generalmente è consigliato che la zolla non sia a livello terreno, ma un po' più profonda. Le radici della pianta ove presenti, non devono mai essere piegate ma deporle seguendo la loro naturale direzione. A questo punto per piante adulte è consigliato mettere attorno la buca degli ormoni radicanti che si possono trovare nei garden center. Eseguita questa operazione si copre la zolla della pianta con terriccio mescolato alla terra di scavo. Tra suolo e radici non deve rimanere aria perciò assestare la pianta comprimendo il terreno. Compiuto questo, bagnare bene la pianta facendo in modo che l'acqua vada a raggiungere le radici in profondità. Durante l'inverno soprattutto se poco piovoso è opportuno bagnare la pianta.

37

IL GIARDINO DEL XXI SECOLO

Il giardino di oggi ha una nuova tendenza. Di rado si incontrano abitazioni dalle ampie zone a parco, con filari di alberi o arbusti. Questo è dovuto per la maggiore alla quantità di tempo che le piante richiedono perché siano belle in ogni stagione e la vita sempre più frenetica, densa di impegni che oggi conduciamo costringe il privato a tralasciare. Ecco che l'evoluzione porta la superficie del giardino ad una dimensione molto più ridotta. Questo non è da intendersi come una mancanza, perché noi tutti ci accorgiamo che lo spazio dedicato oggi a questa "stanza" non va a precludere l'effetto scenografico che il giardino piccolo dona. I giardini che incontriamo adesso sono sicuramente più ordinati ed al tempo stesso vengono più curati: quasi sempre è presente ad esempio una aiuola fiorita in pietra o una fontana e senza rendere il giardino con macchie dispersive, bensì più funzionale. In ultima, da non tralasciare, il giardino ora è economicamente alla portata di tutti. Sono pochi infatti che si possono permettere un impianto di irrigazione o vialetti in pietra su superfici di 5000 mq. Ciò va ad investire nel risultato che questo spazio procura, ovvero permette che vengano fatte tutte quelle operazioni che assicurano beneficio nel tempo. Ad esempio non tutti hanno chiaro che l'impianto di irrigazione è indispensabile per ottenere un bel tappeto erboso, allo stesso tempo il prato come manutenzione non necessita solo del taglio dell'erba e della corretta concimazione, ma operazioni integrative come interventi selettivi di tipo chimico. Ecco che queste operazioni da effettuarsi sul tappeto erboso più quelle da dedicare alle aiuole, agli arbusti ed alle piante ad alto fusto, su ampie superfici rendono il costo a non pochi imbarazzante.

In conclusione il giardino di oggi è dentro ad una evoluzione che cambia il suo stile. Ampi spazi verdi stanno scomparendo nelle nuove abitazioni, ma il piccolo giardino è ricco di accorgimenti come fontane o piccoli sentieri. È sempre apprezzabile questo angoletto di verde soprattutto se ben curato ed ordinato. Il giardino anche se ristretto conserva sempre quel gusto di accoglienza e serenità, c'è sempre più l'avvicinamento ad un giardino zen, ovvero una piccola oasi di pace.

PROGETTARE UN GIARDINO

Il giardino non è solo un'estensione della casa: può essere visto anche come una tela vuota da utilizzare per creare qualcosa di unico. Ma con la vasta gamma di piante e materiali a disposizione, a volte è difficile capire da che parte cominciare. Creare un giardino significa destreggiarsi tra elementi fissi e in crescita, per ottenere un piacevole insieme di spazio, ritmo, prospettiva, colore, forma e consistenza. Manipolando questi ingredienti si mira comunque a riprodurre qualcosa di armonioso, il giardino deve dare una sensazione di proporzione ed equilibrio. Più ristretta è la superficie, più risulta importante dare un'idea di armonia generale. Questo senza dimenticare come si vuole usare il terreno, quanto tempo gli si vuole dedicare e quanti soldi si hanno a disposizione.

Quando si pensa a come progettare un giardino bisogna innanzitutto tenere a mente il tipo di suolo, il clima locale, e come si presenta il luogo dove si va ad operare. Esiste una soluzione per ogni tipo di terreno, per il sole e per l'ombra, ma la prima chiave di successo è sfruttare le potenzialità che offre la situazione esistente piuttosto che rendersi la vita difficile cercando di far crescere piante amanti dell'ombra in un giardino soleggiato e viceversa. Poi bisogna chiedersi come si intende usare il giardino ad esempio se si ha poco tempo libero è inutile concepire un giardino che necessita di costante attenzione. Anche se si vuole utilizzare lo spazio in modo pratico, per esempio una zona per intrattenere gli amici, cenare, o praticare uno sport, ci sono molti modi di farlo. Se si eredita un giardino non avere troppa fretta nel riorganizzarlo, conviene conviverci per qualche tempo e vedere cosa può offrire. Per capire quali piante prosperano nella zona, osservare altri giardini e visitare parchi per far venire in mente delle idee. Alcuni principi generali di progettazione si possono applicare a qualsiasi giardino. I materiali da utilizzare per sentieri, pavimentazioni, schermi, dovrebbero essere conformi a quelli della casa e il giardino in generale dovrebbe armonizzarsi con l'abitazione. Spesso è utile avere una superficie pavimentata, ghiaia o mattoni, che collega la casa al giardino. Non sono da trascurare le limitazioni dello spazio a disposizione, non cercare di aggiungere più del necessario. Il colore è un elemento essenziale nella progettazione di un giardino e sebbene rappresenti una questione di gusto personale, esistono alcune regole generali sull'effetto dei colori. Il verde esiste in diverse sfumature, è uno sfondo fondamentale per i colori del giardino. Da solo può essere elegante e ordinato, oppure lussureggiante e simile a una giungla, raffinato e rilassante. Il rosso è un colore di grande effetto, ma troppi possono risultare eccessivi, quindi diluirli con il verde che ha un effetto rilassante.

Si possono ottenere bellissimi contrasti con il blu e il giallo brillante. Il rosa spicca maggiormente tra azzurri e porpora. L'azzurro è uno dei colori meno presenti in natura. Danno allegria e freschezza se uniti ai gialli. I gialli sono caldi e invitanti, ma alcuni sono forti. Usarli con moderazione e molto verde. Il bianco è il colore più difficile da usare nei giardini perché possono sembrare insulsi. Ma un giardino bianco può essere anche sofisticato ed elegante, soprattutto se vengono usate molte piante ornamentali verdi dalla foglia larga. Anche se di sicuro si fanno delle modifiche man mano che il giardino prende forma, avere un progetto generale di partenza è importante. Innanzitutto bisogna tracciare una piante del terreno annotando le caratteristiche positive o negative, aree in ombra o soleggiate, aree asciutte o umide, punti da nascondere o da mettere in mostra, arbusti o alberi che si vogliono mantenere. Utilizzare una cartina per per annotare idee, progetti, specificando sia la collocazione che le eventuali dimensioni delle piante, la posizione degli elementi che si intendono costruire come aree lastricare, sentieri, gradini.

LA COSTRUZIONE DI UN GIARDINO

I preliminari dell'esecuzione di un giardino sono importanti in quanto una volta eseguiti è difficile ritornarci da capo, perciò è bene che i passaggi da effettuare siano sempre ordinati e ben eseguiti. Una volta che si è di fronte all'appezzamento da arredare, è opportuno osservare se ci sono pendenze. Nel caso fossero presenti, così come degli avvallamenti indesiderati, la prima lavorazione consiste in un livellamento del terreno. Questo risulta molto importante se in seguito si andrà a deporre un tappeto erboso e in questo caso i minimi difetti si notano subito ad occhio nudo. Fatta la dovuta attenzione nell'esecuzione di questa operazione che può essere aiutata con il supporto di un laser, si svolgerà la rottura del suolo. Questa lavorazione è sufficiente eseguirla ad una profondità di 20-30 cm. Per le piante da trapiantare che andranno ad una profondità maggiore, il terreno verrà rotto dall'escavatore che eseguirà le buche. Operazione successiva consiste nel deporre le piante arboree che richiedono l'intervento di mezzi pesanti ed una volta installato l'impianto di irrigazione non sarebbe più opportuno svolgere, perché comprimerebbero i tubi. Fatte perciò le dovute buche e gli scavi per la siepe, vengono disposte le piante. Nel deporre le piante bisogna fare attenzione che queste hanno sempre un lato che può avere accorgimenti estetici, perciò nella messa in opera è opportuno girare le piante in maniera da accorgersi delle prospettive migliori. Infine per fissare le piante a terra è utile disporre di pali tutori ben fissi al terreno in maniera che il peso della pianta o il vento non vada a modificare il portamento desiderato. Per la stesura delle siepi, ove presenti, è sempre opportuno mettere dei pali tutori a distanze di 10 m sui quali verranno disposti dei fili di ferro che segnalano l'esatta distanza che devono avere le piante, in maniera che siano perfettamente sulla stessa linea. Arrivati a questo punto si dispongono i sentieri e le fontane. Fatto lo scheletro del giardino con il trapianto delle specie arboree si va sul sicuro per la stesura dei sentieri che andranno a fare un percorso sul giardino. I lavori proseguono con l'installazione dell'impianto di irrigazione. Si fanno gli scavi per la stesura dei tubi e una volta messi anche gli irrigatori si andrà a correggere la loro traiettoria. Coperti gli scavi fatti si esegue il trapianto di tutte le altre piante tappezzanti e da bordura. Perciò si fanno nuove buche si mette il terriccio e il concime necessario si controlla sempre il lato della pianta più scenografico e anche queste piante vengono inserite nel disegno. Manca la parte finale del lavoro che consta nell'esecuzione del prato. Per far ciò se il terreno non è particolarmente sabbioso è opportuno fare delle correzioni mettendo sabbie o del terriccio sabbioso. Steso questo strato si passa alla fresatura della superficie. Sciolto il terreno che assicuri la germinabilità del prato o del tappeto erboso, si passa alla semina. Questa viene fatta con semplici attrezzi meccanici che assicurano però una corretta omogeneità di seme distribuito. Non rimane che coprire il seme con concime o con l'aiuto di rulli e quindi pressare il terreno con rulli compattatori. Eseguito non rimane che distribuire in superficie il concime sempre distribuito in modo omogeneo.

ALL'OPERA

E' bello passare di giardino in giardino, angoli diversi, scenografie differenti, sono sempre belle sorprese. L'animo è catturato da formazioni sempre nuove, ogni giardino nasconde sempre qualcosa di innovativo. L'attenzione è catturata da un albero da frutto come il caco in inverno o da una bella aiuola fiorita di abelia in estate, sono sempre emozioni che poi rimangono dentro. Così con l'arte del giardiniere che si sofferma su alcune postazioni del giardino per lavori di routine, si indovinano creazioni nuove, angoli o composizioni che possono andare ad "hoc" per nuovi progetti. Si crede sempre di aver scoperto tutto, invece ogni situazione o giardino insegnano qualcosa di nuovo. Così è un lavoro che non stanca mai, si è sempre in attesa di nuovi giardini, così di nuove emozioni, è un susseguirsi di disegni nuovi che la natura regala. A volte lo stupore è regalato anche da un prato ben fatto, ben livellato, omogeneo nella sua struttura circondato da aiuola. Ricordo di un angolo di giardino nel quale avevo fatto un prato circolare attorniato di ortensie di diversa colorazione nella fioritura e vederlo in fiore era una meraviglia. Ho fatto posizionare una panchina e uno sdraio così che quel fazzoletto di giardino potesse dare il meglio di sé. Nell'angolo a sud invece ho inserito delle rose profumate così che quel giardino potesse esprimere il meglio anche come varietà di piante. Infine ho collocato qualche acero giapponese qua e là in maniera che il tronco o legno potesse dare una certa struttura di solidità. Il cliente è stato molto contento del mio disegno e quella porzione di terreno mi sta dando tuttora una bella immagine di saper fare bene il proprio mestiere. Anche l'esecuzione è interessante nel susseguirsi. È un lavoro vario perché per una aiuola ad esempio si procede prima con la dissodatura del terreno poi nella progettazione dell'impianto di irrigazione, ancora nella stesura di teli, poi nell'inserimento di piante ed infine nel ricoprire la superficie dell'aiuola con corteccia. Lo si può fare in solitaria o con l'appoggio di un collega. Io mi sono sempre avvalso di compagni di lavoro per il semplice fatto che quattro occhi vedono meglio di due e l'occhio in questo mestiere è molto importante. Ricordo di un altro giardino dove c'era fronte casa uno bello spazio di 2000 mq. È una superficie che permette di sbizzarrirsi, ma colloquiando con l'acquirente ho deciso di rimanere in uno schema abbastanza classico nei fondamentali, accattivandolo con qualche accortezza. Così ho proceduto con l'installazione di alberi ad alto fusto nella parte più distale della casa inserendo un gruppo di betulle, distaccato un paio di abeti glauco, poi un paio di magnolie, delle parrozie, dei tigli e infine delle palme. Lo sfondo mi sembrò gradevole perché c'era molto colore e piante dalla forma differente. Avvicinandosi all'abitazione ho collocato degli olivi, degli aceri e dei melograni. In prossimità dell'abitazione ho inserito delle bordure di piante di diversa tipologia come lavande abelie conifere nane ed altre. In seguito ho posizionato un percorso che dolcemente attraversa il giardino passando da una parte all'altra ed inoltrandosi. Mi è sembrata una soluzione valida perché apprezzata.

INTERVISTA

Cosa ti ha spinto a scegliere la professione del giardiniere?

A me stare all'aria aperta, affascinato dalle bellezze della natura, è una cosa che è sempre piaciuta. Si sente molto di più il cambiamento delle stagioni e questo unisce ancor più al mondo naturale. A me è sempre piaciuto integrarmi in questo stupefacente cambiamento che le piante evolvono nel corso dell'anno. Diplomatomi in una scuola agraria ho scelto di continuare gli studi iscrivendomi ad un corso di giardinaggio. Grazie all'entusiasmo di bravi professori ho imparato che con le piante si possono creare cose meravigliose. Ho capito che un giardino di buon gradimento, diventa uno spazio, una stanza esterna, che porta un gran giovamento. Servono conoscenze agrarie, di architettura per ottimizzare gli spazi e l'accostamento tra le piante, delle conoscenze idrauliche per il compimento degli impianti d'irrigazione ed il resto è arte. Tutto ciò mi ha subito affascinato. Compiuto il corso di studi sono andato a lavorare presso i vivai della zona ricoprendo diverse mansioni e da lì ho potuto studiare meglio l'evolvere delle piante ornamentali. Questo lavoro mi stava cominciando a piacere davvero tanto e conosciuto un giardiniere abbiamo deciso di aprire una ditta di giardinaggio, forti delle conoscenza e dell'esperienza acquisita. Grazie ad un lavoro intensivo di pubblicità, siamo riusciti a farci conoscere e dopo poco tempo grazie alla conoscenza di architetti e impresari ho potuto dilettarmi nella professione di progettista di giardini. Questo è un lavoro che mi da molto benessere ed ogni nuova situazione è sempre molto entusiasmante. Insomma ho trovato quello che mi piace e migliorandomi di lavoro in lavoro mi auguro che questa professione continui a lungo.

Quali pregi e quali difetti pensi abbia tale professione?

Lavorando all'aria aperta si è soggetti inevitabilmente alle intemperie. Questo può un po' scombussolare i tempi di esecuzione dei lavori. Ovvero se capita una pioggia bisogna attendere che il terreno si asciughi altrimenti lavorando un terreno bagnato lo si rende asfittico. Poi bisogna essere bravi ad insegnare ai clienti che non hanno il pollice verde, che le piante nel corso dell'anno possono ammalarsi e che non è vero che abbiamo utilizzato piante di cattiva qualità. Ancora bisogna conoscere bene i clienti per essere premiati a conclusione dei lavori e quindi tornare a casa con una meritata soddisfazione dopo un impegnativo lavoro.
I pregi consistono nella soddisfazione di aver eseguito

delle belle opere. Per me è ogni volta una gran soddisfazione terminare un giardino.

A tuo parere quali sono le caratteristiche che deve avere un buon giardiniere?

La passione per il verde e per le architetture che si possono compiere grazie alle piante è fondamentale. Bisogna essere conquistati dal mondo della natura. È fondamentale avere un buon approccio con le persone interessate in modo da acquisire i lavori. Poi è opportuno avere un buon occhio per accorgersi delle meraviglie che possono nascere anche in un piccolo giardino. Nel corso degli anni ho imparato comunque che al di la delle conoscenze tecniche è importantissimo avere un atteggiamento adeguatamente preparato con le persone interessate alla creazione di un giardino o futuri clienti.

Esistono livelli diversi ai quali esercitare tale professione?

Non per presunzione, ma devo ammettere che esistono persone che si improvvisano in tale lavoro. Mi è capitato in vivai che alcuni che si credevano giardinieri mi chiedessero con che piante potevo associare tal pianta, se aveva bisogno di poca o tanta acqua ed in quale esposizione collocarle. Ancora mi è capitato che dei clienti mi chiamavano perché l'impianto di irrigazione non funzionava bene e dopo un sopralluogo era facile dedurre che non erano stati progettati bene. Io sono stato fortunato ad aver avuto dei bravi professori che mi hanno insegnato la materia.

Ci troviamo in un momento di crisi economica. Come pensi che tale crisi abbia influenzato il lavoro del giardiniere e le sue possibilità?

Io la crisi l'ho sentita e come. Semplicemente non si costruiscono più abitazioni o ville con giardino. Anche i miei fornitori si sono sentiti alle strette ed alcuni hanno addirittura cambiato indirizzo. Chi si è fatto le spalle grosse in passato riesce ancora a salvarsi, ma anche loro oramai iniziano a risentirne. Ritengo che questa professione sia in un periodo di sconforto, ma come tutte le crisi hanno una fine quindi si ricomincerà ad rimboccarsi le maniche.

Quali consigli daresti ad un giovane che vuole intraprendere la tua professione?

Anzitutto bisogna avere le conoscenze adeguate perciò scegliere gli studi più indicati. Poi esistono dei corsi di specializzazione specifici per la materia. È indispensabile avere una buona dialettica, empatia, altrimenti i lavori non si portano a casa. Poi è vero che ogni lavoro insegna qualcosa di nuovo. Anch'io so che ho da migliorarmi, mi sento con i colleghi più stretti, mi confronto e con umiltà inizio un nuovo lavoro. La passione è poi l'elemento che fa la differenza.

INDICE